AF204489

Waldbaden – Heilen mit Shinrin Yoku

Wie Sie mit der Kraft der Natur Depressionen, Burnouts und Ängste besiegen und endlich innere Ruhe finden

Julia Blumenberg

INHALT

Das erwartet Sie in diesem Buch

Wieder so ein neuer Trend aus Fernost, wieder diese Schwärme aus selbst ernannten Coaches und Erleuchteten, die mit Schals und Heilsteinen behangen asiatische Weisheiten ad absurdum führen, Ihnen Ihre wertvolle Zeit rauben und dafür unverschämt viel Geld verlangen – darauf möchten Sie unbedingt verzichten? Dann lesen Sie einfach weiter. Das hier ist anders, versprochen. Vielleicht haben Sie beim letzten Ausflug schon den einen oder anderen Waldbademeister gesichtet, der, umringt von einer beseelten

Barfußschar, zu Baumum−armungen, Wurzelstreicheln und Blätterschnuppern einlud. Vielleicht haben Sie geschmunzelt und im Vorbeigehen noch ein paar Worte wie "achtsam", "entschleunigt" und "mit sich in Kontakt kommen" vernommen.

Ich versichere Ihnen: Sie dürfen auch weiterhin darüber schmunzeln – und trotzdem davon profitieren. Auf die reine Essenz reduziert, handelt es sich um eine sehr gute Sache, die auszuprobieren es sich lohnt. Ganz gleich, ob Sie sich selbst als Bio-Fan, Normalo oder Industrieteufel definieren. Dieser Ratgeber möchte nichts anderes, als Sie unaufdringlich zu begleiten bei der Suche nach einem gesunden Ausgleich zu alltäglichem Stress und anderen Belastungen, die sich freilich nicht einfach so aus dem Leben streichen oder fortmeditieren lassen.

Dafür müssen Sie nicht entschleunigen, falls Ihnen das Wort auf die Nerven geht. Es ist vollkommen ausreichend, wenn Sie sich beruhigen. Ob Sie zehn-, neun- oder achtsam sind, spielt auch keine große Rolle, solange Sie nur aufmerksam sind. Mit sich in Kontakt kommen werden Sie aber auf jeden Fall. Die gute Nachricht: Sie werden es lieben!

Das Waldbaden als klinisch erforschte, wirksame Methode zur Stärkung des Immunsystems, Steigerung des allgemeinen Wohlbefindens und zur Normalisierung von Blutdruck, Cortisol- und Adrenalinspiegel hat sich vielfach bewährt.

Ich wünsche Ihnen viel Erfolg bei der Bewältigung. Was auch immer es ist.

Ein paar Worte vorab

Vielleicht war es nur dieses seltsame Wort, das Ihnen ins Auge gestochen ist und Sie neugierig gemacht hat. Was haben sich die Leute da wieder Neues einfallen lassen?

Wenn das für Sie zutrifft, wünsche ich Ihnen gute Unterhaltung beim Lesen oder Zuhören. Vor allen Dingen aber wünsche ich Ihnen Mut und Freude beim Umsetzen und Ausprobieren! Lassen Sie für einen (halben) Tag alte Muster alte Muster sein und sagen Sie allen Vorurteilen, Hemmungen und Ausreden den Kampf an, indem Sie genussvoll, in bester Gesellschaft bei hervorragender Luftqualität und auf ausgesprochen hohem Niveau das tun, was die wenigsten von uns können: nichts. Vielleicht hat Sie aber auch ein ernster Anlass auf das Thema gebracht.

Schließlich kommt es häufig vor, dass Menschen gerade in kritischen Lebenslagen beginnen, sich mit alternativen Ansätzen zu beschäftigen. Mit zunehmendem Alter, nach der Diagnose einer schweren Krankheit oder durch einschneidende Ereignisse können sich der Blick auf die Dinge und die eigene Einstellung zum Leben stark verändern und bis dato belächelte Ideen doch noch ihren Reiz entwickeln.

Vielleicht steht, wie die von so vielen, auch Ihre Welt Kopf seit der Ausbreitung von SARS-Covid-19. Vielleicht sind Sie auf mehrere Arten direkt oder indirekt vom Coronavirus und dessen weitreichenden Folgen betroffen, haben menschliche oder finanzielle Verluste zu beklagen oder sind selbst schwer erkrankt. Vielleicht gehören Sie einer Hochrisikogruppe an, die noch stärker leidet als der robustere Teil der Bevölkerung, oder Sie sind einer der Long-Covid-Fälle, die noch lange nach der eigentlichen Infektion unter massiven Spätfolgen leiden. Vielleicht ist oder war die eigene Firma in Gefahr, der Arbeitsplatz oder Sie leiden unter der zermürbenden Auseinandersetzung mit

Soforthilfen, Kurzarbeitergeld und ständig wechseln-
den Regelungen.

Vielleicht hat das Ganze Ihrer psychischen Verfas-
sung sehr zugesetzt. Vielleicht hat eine Krebsdiagnose
oder ähnlich schwere Erkrankung Sie auf das Thema
Waldbaden gebracht oder Sie suchen nach einer Möglichkeit, während oder nach langem Klinikaufenthalt
und anstrengenden Therapien langsam wieder zurück
ins Leben zu finden. Vielleicht ist es der Verlust eines
geliebten Menschen und die intensive Beschäftigung
mit dem Tod und der eigenen Endlichkeit, die Sie nach
neuen Wegen für den Umgang mit Ihrem Schicksal suchen lässt.

Vielleicht sind es anstehende, gerade stattfindende
oder bereits vorgenommene Veränderungen, wie eine
Trennung, ein Umzug oder der Auszug des Nesthäk-
chens vielleicht, die es Ihnen schwierig machen im eigenen Zuhause, wo plötzlich alles so still und leer ist?
Vielleicht möchten Sie etwas Neues und dadurch sich
selbst wieder besser kennenlernen? Vielleicht hat Ihre
Arbeit Sie in die Erschöpfung getrieben, weil Sie nie
gelernt haben, für das richtige Maß an Erholung zu
sorgen, oder es Ihnen generell schwerfällt, nichts zu
tun und sich auszuruhen? Depressionen, Angsterkrankungen, Herzkreislaufprobleme und Burn-out als

Volksleiden sind in aller Munde und es überrascht nicht, dass viele Menschen sich lieber erst einmal sanfteren Methoden zuwenden, bevor sie ihrer Psyche oder ihrem Körper mit Medikamenten auf die Sprünge helfen.

Ein lobenswerter Ansatz, wobei an dieser Stelle natürlich sofort der obligatorische Hinweis folgt, dass das Waldbaden, so wie es in diesem Buch beschrieben wird, Sie nicht dazu animieren soll, begonnene Therapien oder die Einnahme irgendwelcher Medikamente abzubrechen, ohne Ihre Behandler davon in Kenntnis zu setzen. So, nun aber genug der vorausgeschickten Worte. Sie dürfen beginnen ...

Wenn Sie sich zuerst einen Überblick verschaffen möchten, ein wenig Hintergrundwissen sammeln und noch ein paar Ihrer Fragen beantwortet haben möchten, geht es für Sie direkt auf der nächsten Seite weiter. Sollten Sie direkt loslegen wollen, können Sie zum Kapitel "Ihr erstes Waldbad" springen.

Fünf kritische Fragen

WAS SOLL DAS SEIN?

Bei dem Wort "Waldbaden" überrascht es nicht, dass man zunächst an Wasser denkt, an das Schwimmen in wilden Gewässern vielleicht, wie Nacktbaden in Bächen, Flüssen und Lagunen, Duschen unterm Wasserfall ...

Und auch davon lässt sich mit Sicherheit der eine oder andere heilsame Effekt versprechen. Sollten Gewässer in der Nähe sein, können diese – unter Beachtung des Naturschutzes versteht sich – natürlich auch integriert werden. Beim eigentlichen Waldbad dreht sich in der Hauptsache aber alles um ein anderes Element: die Luft! Der Begriff des Shinrin-Yoku, der auch gern mit dem "Eintauchen in die Atmosphäre des Waldes" oder "Baden in Waldluft" umschrieben wird, tauchte erstmals im zunehmend technologisierten Japan der Achtzigerjahre auf, als die sogenannte "Forest Agency" der Bevölkerung empfahl, regelmäßige und ausgiebige Aufenthalte im Wald zur Verbesserung und Erhaltung der Gesundheit in ihren Alltag zu integrieren.

Im Laufe der Jahre wurde intensiv geforscht, es entstand die Fachrichtung der Waldmedizin und die sogenannte "Waldtherapie" wurde entwickelt, die sich zu einer geschützten Marke und medizinisch anerkannten, hochwirksamen Methode zur Entspannung und Stressreduktion etablierte, mittlerweile weit über Japan und seine Nachbarn hinaus.

Was aber unterscheidet diesen Hype denn von einem gewöhnlichen Waldspaziergang, könnten Sie sich jetzt fragen, und: Wissen wir nicht sowieso schon längst, dass Waldluft gesund ist? Ein gewisser, irgendwie künstlich erzeugter Wirbel um teilweise ganz simple und bekannte Tatsachen lässt sich wirklich nicht bestreiten; damit hätten Ihre Einwände durchaus ihre Berechtigung. Betrachtet man allerdings einen möglichen Ursprung des Trends und das Land seiner Entstehung ein wenig genauer, ist der Wirbel wohl damit zu erklären, dass der Hintergrund der Waldmedizin ein sehr ernster und alarmierender war, wenngleich er in Ratgebern, Kursen und Vorträgen nur selten damit in Verbindung gebracht wird.

In einem Land wie Japan, von dem aus um 1982 ein neuartiger Begriff traurige internationale Berühmtheit erlangte, ist es nicht verwunderlich, dass es einer gewaltigen Hype-Erzeugung bedarf, um die Menschen wachzurütteln, nachhaltig für Gefahren zu sensibilisieren und damit zur langfristigen Krankheitsprävention beizutragen. Der "Karoshi", so wurde der "plötzliche Tod durch Überarbeitung" damals getauft, hat ein notwendiges, ja überfälliges Umdenken in der Gesellschaft bewirkt und Menschen aufmerksam gemacht, auf unzumutbare Bedingungen, die häufig am Arbeitsplatz herrschen, und deren Folgen zu achten.

Es wurde damals vermehrt über junge Menschen mit Schlaganfällen, Herzinfarkten und anderen Herzkreislauferkrankungen berichtet, außerdem von massenhaft Suiziden, die nach eingereichten Klagen Angehöriger und daraufhin eingeleiteten Untersuchungen eindeutig auf die Arbeitsbedingungen der Verstorbenen (60 Stunden pro Woche, Anhäufung von Überstunden binnen kürzester Zeit, permanente Angst vor Job- und Gesichtsverlust etc.) zurückzuführen waren.

Auch, dass sich nicht wenige Schulkinder aufgrund massiven Mobbings, Leistungsdrucks und des autoritären Drills, der an den Schulen herrschte, das Leben genommen hatten, war ein bekanntes Problem, mit dem sich Japans Gesellschaft auseinandersetzen musste.

Das friedliche Waldbaden stellt also in gewisser Weise eine Art Gegenentwurf dar zu der oft beschriebenen Metropolen-Madness, in der das Individuum nichts zählt, abgesehen von Überstunden, und der Einzelne zu ersticken droht in dem immer weniger transparenten Geflecht aus Schnelllebigkeit, Ersetzbarkeit, Gewinnmaximierung und erbitterten Konkurrenzkämpfen, um nur einige der Phänomene zu benennen.Im Wald kann man, dort darf man wieder durchatmen, tief und frei, ohne Dresscode, ohne Termindruck und ohne Scheu. Der Wald als frei zugängliches, uraltes und bis heute funktionierendes Ökosystem hat einen klinisch relevanten, einen immensen und – was neu ist und überzeugen dürfte – einen eindeutig messbaren Einfluss auf sämtliche Körperfunktionen gesunder und kranker Menschen.

WER BRAUCHT SO ETWAS?

In einem Wort: Jeder. Auch hierzulande ist Überarbeitung keine Seltenheit. Und auch bei uns wird die Krankheitsprävention immer wichtiger. In Pflege und Medizin wird immer größerer Wert auf die Erforschung dessen gelegt, was uns Menschen denn eigentlich gesund macht und hält, und nicht mehr ausschließlich darauf, was krank macht und bestehende Krankheiten heilt.

Innerhalb dieses als Salutogenese bezeichneten Modells geht man außerdem davon aus, dass weder Gesundheit noch Krankheit einen starren, unveränderbaren Zustand darstellt, sondern jeweils eher als Kontinuum zu verstehen sind: Kein Mensch ist nur gesund oder nur krank. Jeder ist Träger unterschiedlicher Voraussetzungen, wie äußerer Einflüsse und vorhandener Ressourcen, und jeder verwaltet seine individuellen Ressourcen auf andere Art und Weise und mithilfe unterschiedlicher, erlernter oder übernommener Methoden, die produktiv oder auch destruktiv sein können.

Je nachdem, wie die Zusammensetzung aus stärkenden und schwächenden Einflüssen und persönlichen Ressourcen ist, fällt die Bewältigung gut oder schlecht aus, das heißt, es löst ein Spannungszustand entweder in Stress aus, der Krankheit eher fördert, oder aber führt er zur Genesung.

Jeder kann vom Waldbaden profitieren. Jeder, der seine Gesundheit schätzt und erhalten möchte und jeder, der bereits erkrankt ist, zu erkranken droht oder geschwächt ist, um die eigene Genesung auf intelligente und einfache Weise voranzutreiben und dem Immunsystem die nötige Unterstützung anzubieten.

Ob arm oder reich, der Wald nimmt sie alle. Es entstehen weder Anschaffungskosten noch laufende Gebühren, es gibt keine Abofalle, keine Kündigungsfrist, keinen Türsteher oder Dresscode und keine unangenehmen oder schwer abschätzbaren Nebenwirkungen.

WIE SOLL DAS GEHEN?

Durch das bewusste Innehalten und das Wahrnehmen der Umgebung mit allen Sinnen soll eine Art natürliche Synchronisation mit der Umwelt stattfinden. Die Initiatoren empfehlen den möglichst ausgedehnten, mehrstündigen Aufenthalt unter Bäumen und das tiefe, bewusste Inhalieren der nachweislich heilsamen Waldluft mit ihrem hohen Sauerstoffgehalt und den wertvollen ätherischen Ölen und Terpenen aus Bäumen und Pflanzen. Die möglichen Arten der offiziellen sozusagen akademisch verifizierten Durchführung eines Waldbads variieren von ausgedehnten Spaziergängen als Gruppenausflüge über Achtsamkeitskurse bis hin zu Übernachtungen in Waldgebieten. Unter Anleitung ausgebildeter Coaches können die Kursteilnehmer lernen, möglichst stressfrei im bewaldeten Hier und Jetzt zu verweilen und dadurch maximal von den Green Benefits zu profitieren.

Erklärtes Ziel dieses Ratgebers ist es aber eher, Sie fit zu machen für das Waldbad in Eigenregie, sodass Sie sich zusätzlich frei machen können von allen zeitlichen und finanziellen Verpflichtungen, die Sie ansonsten eingehen müssten.

Für die optimale Entspannung empfiehlt sich eine Kombination aus dem Aufenthalt im Wald mit Meditations- und Atemübungen. Ein langsames, aufmerksames und neugieriges Schlendern soll es sein, in Abgrenzung zur sportlichen Aktivität oder den üblichen Sonntagsspaziergängen. Betont wird ausdrücklich der meditative Charakter des Waldbadens, wobei es sich eher um eine nach außen gerichtete Meditation handelt: Der Alltag wird an der Schwelle zum Wald zurückgelassen und die Umwelt wie durch eine Lupe in Detailansicht erfasst. Staunen ausdrücklich erwünscht.

WOZU SOLL DAS GUT SEIN?

Das Harz der Waldbäume, das sogenannte Terpentin (das der Nadelbäume mehr als das von Laubbäumen) enthält viele Terpene, die sich, besonders im Sommer und besonders nach Regen und bei Nebel, in der Waldluft befinden.

Den Terpenen wird eine ausgesprochen gesundheitsfördernde, genauer, eine immunstärkende und antikanzerogene, also krebshemmende Wirkung nachgesagt. Dr. Qing Li, Professor an der Nippon Medical School in Tokio und Präsident der japanischen Gesellschaft für Waldmedizin, konnte in interessanten Studien den Effekt der Terpene auf die Bildung natürlicher Killerzellen, den Hauptverantwortlichen bei der Abwehr von Tumorzellen, nachweisen: Durch die Inhalation von aus dem Wald extrahierten und in die Raumluft abgegebenen Terpenen wurde bereits über Nacht ein signifikanter Anstieg der NK-Zellen im Blut der Probanden nachgewiesen.

Die moderne Wissenschaft begreift das menschliche Immunsystem außerdem als kommunikationsfähiges Sinnesorgan, das sich in ständigem, regem Austausch mit seiner Umwelt befindet und von der Kommunikation zwischen Bäumen nur profitieren kann.

In einer Feldstudie konzentrierte sich Dr. Yoshi-fumi Miyazaki, ebenfalls Universitätsprofessor und Mitglied der Gesellschaft für Waldmedizin, eher auf die Wirkungen des Waldes auf das Herzkreislaufsystem. Dort wurden unter anderem Blutdruck, Puls, Herzfrequenz sowie der Cortisolspiegel im Speichel der Probanden gemessen. Die Aktivität des Parasympathikus, dem Entspannungsnerv, nach dem Aufenthalt im Wald hat sich mehr als verdoppelt, es gab im Mittel einen Anstieg um 103 %.

Der Cortisolspiegel, der im Speichel der Teilnehmer gemessen wurde, wurde beim Ruhen im Wald um ein Viertel gesenkt, darüber hinaus gab es außerdem signifikante Senkungen auch des Adrenalinspiegels. Interessant bei der Messung des Blutdrucks war, dass dieser nicht bei allen gesunken ist, wie es nach der Einnahme eines medikamentösen Blutdrucksenkers der Fall wäre, sondern sich je nach Zustand normalisiert hat.

Das bedeutet: Probanden mit zu niedrigem Blutdruck konnten von einem sanften Anstieg auf Normwerte profitieren, Bluthochdruckpatienten von einer Senkung. Bereits eine Viertelstunde Aufenthalt im Wald soll sich positiv auf sämtliche Werte ausgewirkt haben. Wurde allerdings ein halber Tag durch

Waldgebiete gewandert, hielten die Effekte wie Blut-druckstabilisierung noch bis zu fünf Tage danach an.

WOHER DIE ZEIT DAFÜR NEHMEN?

Dass die Vorstellung, gleich einen halben Tag für Ihren Ausflug ins Grün einzuplanen, anfangs abschreckend sein könnte, versteht sich von selbst. Wie wir aber gelernt haben, geht es in erster Linie darum, überhaupt mehr Zeit in der Waldatmosphäre zu verbringen und bestenfalls gleichzeitig auf mehreren Ebenen zu entspannen, während ganz nebenbei das Immunsystem auf Vordermann gebracht wird und die Immunzellen mit der umgebenden Flora interagieren.

Es ist möglich, das Ganze schrittweise zu steigern. Vor allen Dingen werden Sie aber feststellen: Je länger und je öfter Sie sich im Wald aufhalten, auch wenn aller Anfang schwer ist, umso mehr werden Körper und Geist früher oder später danach verlangen und es regelrecht einfordern.

Während Sie sich beim ersten Mal vielleicht noch überwinden müssen, immer weiter und tiefer ins Dickicht zu gehen, lange an einem Ort zu verweilen, um ziel- und tatenlos dem Treiben der Makrowelt um Sie herum zuzusehen und zu lauschen, wird es Ihnen nach einer gewissen Zeit der Übung und Routine im Gegenteil womöglich sogar schwerfallen, Ihren Aufenthalt irgendwann wieder zu beenden, sich aus der Ruhe und Abgeschiedenheit wieder zu lösen und die Schwelle hinüber in die "andere Welt" zu überschreiten.

Daher: Nehmen Sie sich die Zeit, und zwar unbedingt auch die, die Sie nicht zu haben glauben. Der Wald steht zur freien Verfügung, was von unschätzbarem Wert für Ihre persönliche Freiheit und Gesundheit ist. Eine Begehung ist immer und jederzeit möglich, ganz ohne Rücksicht auf Öffnungszeiten, saisonale Preisschwankungen, Überbuchungen oder Pandemien. Warten Sie nicht länger!

Psyche, Körper und Waldbaden

CORONAVIRUS

Wie bei allen Virus- und sonstigen Erkrankungen ist auch beim Coronavirus eine funktionierende, körpereigene Abwehr wichtig. Neben gesunder Ernährung und ausreichend Schlaf empfiehlt sich die Bewegung an der frischen Luft. Wie frisch diese Luft sein soll, entscheiden natürlich Sie.

Außerhalb des Waldes wird es allerdings schwer, auf eine vergleichbare Qualität zu treffen. Um das Immunsystem zu stärken und trotz bestehender Ausgangsbeschränkungen ausreichend Bewegung an der frischen Luft zu haben, ohne sich übermäßigen

Ansteckungsgefahren auszusetzen, ist der Wald bestens geeignet.

Anhaltende Beschwerden, die nach einer überstandenen Infektion noch nicht abgeklungen sind, vor allem jene, die Lunge, Psyche und Nervensystem betreffen, können beim Waldbaden therapiert werden. Die ruhige Umgebung und die Zusammensetzung der Luft, die sich heilend auswirkt, werden ihren Teil dazu beitragen, dass Ihre Abwehr allmählich wieder in Gang kommt.

DEPRESSIONEN

Depressionen können unterschiedliche persönliche, psychosoziale und organische Ursachen haben. Woher Sie kommen, ist nicht immer sofort nachvollziehbar, nicht einmal für den Facharzt.

Wenn das Problem nicht, wie es natürlich das Beste wäre, direkt an der Wurzel zu packen ist, ist es umso wichtiger, sich einzelne Symptome genauer anzusehen und nach Möglichkeit abzumildern, sodass langsam und schrittweise Ihre Lebensqualität wieder etwas gesteigert werden kann. Wenn Sie tatsächlich im klinischen Sinne depressiv sind, ist es sehr unwahrscheinlich, dass Sie nach einem Gang durch den Wald urplötzlich freudestrahlend und energiegeladen zurückkehren und sich nicht mehr daran erinnern können, was eigentlich die ganze Zeit über Ihr Problem war. Trotzdem gibt es sinnvolle Ansätze, um Ihr Leiden ein wenig zu lindern.

Im Folgenden sind einige körperliche Begleiterscheinungen einer Depression oder auch häufig berichtete Nebenwirkungen von Medikamenten genannt, auf die sich das Waldbaden positiv auswirken kann.

- Appetitlosigkeit
- Gestörte Verdauung
- Niedriger Blutdruck mit Schläfrigkeit
- Schwindel
- Schlaflosigkeit
- Schmerzen
- Flache Atmung, Kurzatmigkeit, Atemnot

Was allen Arten von Depression gemein ist, ist der veränderte Spiegel an Neurotransmittern, den Botenstoffen im Gehirn. Zwar sind Depressionen nicht selten eine späte Reaktion auf anhaltende Überlastungen und übermäßigen Stress, trotzdem ist, und das ist in der Zähigkeit der Welt eines Depressiven besonders schwer umzusetzen, durch reine Schonung und ausschließliche Erholung leider kein Ausweg möglich.

Ein Mindestmaß an Stress und dessen erfolgreiche Bewältigung sind unbedingt notwendig, um aus der Leere und Stagnation auszubrechen, inmitten derer man sich verirrt hat. Wenn Ihnen also bereits der Gedanke, sich anzuziehen, das Haus zu verlassen und durch den Wald zu schlendern, Stress verursacht: Wunderbar! Das ist die erste Voraussetzung, um Ihnen den Weg zu ebnen zurück in den körpereigenen Drogenrausch, dessen Entzug Sie so nachhaltig verstimmt. Nehmen Sie die Herausforderung an, meistern Sie sie und lassen Sie sich belohnen – von Ihrem eigenen Gehirn. Sehr schwierig ist auch die so hilfreiche Rückbesinnung auf das Einfache, Basale und die Zusammenhänge: Trinken, essen und schlafen Sie.

Wenn Sie nicht durstig, hungrig und müde sind, dann sorgen Sie dafür, dass Sie es werden, indem Sie aktiv werden. Das ist das allererste, was Sie beherzigen sollen. Ohne Schlaf, ohne Nahrung und Flüssigkeit, setzen Sie Ihrem Körper noch weiter zu, dabei hätte der eine angemessene Behandlung und Ihre Unterstützung nun wirklich verdient.

ÄNGSTE UND PHOBIEN

Bei Ängsten und Panikstörungen lohnt sich der genaue Blick auf das Zusammenspiel zwischen Atmung, Psyche und Körper. Und gerade bei Phobien, die sich auf konkrete Anlässe beziehen, ist es wichtig, den Kreislauf der aufsteigenden Panik an geeigneter Stelle zu durchbrechen, da man die Auslöser wie Krankheitserreger, Menschenmengen, enge Räume, Spinnen etc. nun mal nicht aus der Welt schaffen kann, um Betroffene zu schützen.

Tun kann man trotzdem einiges. Es gibt die Möglichkeit, besser vorbereitet zu sein, das eigene Nervenkostüm kann trainiert werden und es kann für einen sinnvollen Ausgleich gesorgt werden, indem auf Phasen, die den gesamten Organismus stark belasten und aus Zuständen permanenter Anspannung, übertriebener Wachsamkeit, erhöhter Schreckhaftigkeit bis hin zu Panikanfällen bestehen, Phasen aus gezielter Entspannung, einem gesunden Maß an Gleichgültigkeit gegenüber dem Unveränderbaren, Gelassenheit und positiven Erlebnissen folgen.

Allein durch tiefes, ruhiges Atmen, das häufig erst mühsam erlernt werden muss (tatsächlich sind sich die wenigsten Menschen über die Art und Weise ihrer eigenen Atmung bewusst) und eine aufrechte Körperhaltung kann das eigene Körpergefühl deutlich verbessert und angstauslösenden Situationen von einer stabileren Grundposition anstatt aus einer Ohnmacht heraus begegnet werden.

Körperliche Symptome wie Zittern, Herzjagen, Schweißausbrüche, Schwindel und dissoziative Zustände, die den Alltag von Menschen mit Angsterkrankungen oft bestimmen, können abnehmen, wenn man dem Hormonhaushalt die Chance bietet, sich nach und nach wieder zu erholen.

Geschützt im schattigen Dickicht der Bäume können Sie weitgehend unbeobachtet Ihre ersten wackligen Schritte tun auf dem Weg in ein gelasseneres, angstfreieres Leben.

BURN-OUT

Kommt Ihnen das folgende Szenario bekannt vor? Sie wachen am Montagmorgen auf. Ihr Puls in Ruhe liegt standardmäßig bei etwa 50 bis 80 BPM (= Schläge pro Minute), je nachdem, wie abrupt Sie aus dem Land der Träume gerissen wurden, was bedeutet, dass Sie, musikalisch gesprochen, ungefähr im Tempo von "Purple Rain" Ihren Tag beginnen. So weit, so gut, aber nach dem ersten Kaffee und beim Gedanken an das bevorstehende Arbeitspensum, die anstehende Konferenz und den immer noch schwelenden Konflikt mit Ihrem Kollegen oder Vorgesetzten befinden Sie sich schon eher bei "Boys don't cry".

Im Laufe des Tages, der geprägt ist von Autoverkehr, fachlichen und zwischenmenschlichen Herausforderungen, privaten Sorgen, hastigem Essen und zu viel Koffein, erreichen Sie immer wieder Spitzen, die schon eher mit dem "Neutron Dance" (105 BPM) unterlegt werden müssten. In den Schlaf, falls Sie überhaupt noch welchen einplanen, finden Sie nur noch nach der Einnahme von Hilfsmitteln, und auch um den nächsten Tag durchzustehen, braucht es die eine oder andere rettende Substanz.

Und hier liegt das Problem: Körper und Geist haben das Entspannen verlernt, weil es so viel logischer erscheint, etwas zu tun, um etwas zu erreichen. Was zunächst nach einer sehr vernünftigen, aktiven und positiven Lebenseinstellung klingt, mündet nicht selten in krankhaften Aktionismus mit dem Ergebnis totaler mentaler und körperlicher Erschöpfung. Dabei müsste das nicht sein. Die schwierigsten Arbeitsbedingungen können tragbar werden für den, der sich und seinen Körper kennt und versteht und weiß, wann er sich auf welche Weise die nötigen Pausen einrichten muss, um produktiv und belastbar zu bleiben und auf Rückschläge, die nie vermeidbar sind, rechtzeitig angemessen zu reagieren – auch auf lange Sicht.

Umgekehrt kann der normale Alltag zu einer unerträglichen Belastung verkommen, wenn Grenzen von Körper und Psyche systematisch ignoriert und übergangen werden, im Rausch des Adrenalins keine Erholungsphasen stattfinden und trotz deutlicher Signale des Körpers die Überlastung weiter anhält. Herz und Kreislauf leiden mit, Schlafstörungen, Depressionen, Ängste und schließlich das berüchtigte Burn-out gehören zu den möglichen Folgen.

Vielleicht gehören Sie zu denjenigen, die rechtzeitig etwas unternehmen möchten, um nicht zu erkranken. Vielleicht sind Sie nach überstandener Erkrankung und erfolgter Rehabilitation auf der Suche nach einer neuen Quelle der Kraft und Entspannung.

Ihr erstes Waldbad

STRATEGIEN GEGEN SCHWEINE-HUND-ALLÜREN UND ANDERE FORMEN DER SELBSTSABOTAGE

Sie können sich so unwohl und busy fühlen, wie Sie mögen, und doch werden Sie nun, da Sie den Schritt bis zum Blättern in diesem Ratgeber immerhin schon gegangen sind, nur wenige Gründe haben, die dagegensprechen, noch diese Woche den ersten medizinisch notwendigen Trip in Ihr persönliches Frischeparadies zu unternehmen. Und die wenigen möglichen Gründe möchte ich im Folgenden für nichtig erklären:

Ausrede 1: Ich habe keine Zeit.

Lasse ich nur gelten, falls die Anfahrt zum nächstgelegenen Waldstück länger als eine Dreiviertelstunde dauert, Ihre Familie aus mindestens zwei bedürftigen Geschöpfen (unter 16 und Tiere) besteht, die akut auf Ihre Hilfe angewiesen sind, oder Sie dieses Buch gerade auf dem Weg zur Arbeit, heimlich unterm Schreibtisch während der Arbeit oder auf Dienstreise im ICE bzw. Flugzeug lesen.

Ausrede 2: Ich habe keine Lust.

Alarmstufe rot. Sie haben gesundheitliche Probleme, Sorgen oder eine Sehnsucht festgestellt, weshalb Sie sich für den Kauf dieses Buches entschieden haben.

Dazu sind Sie bereits derart regressiv Halt suchend, dass Sie sich trotz eigentlich bestehender Probleme in Sicht verhalten wie ein Kleinkind, Teenager oder schwer Suchtkranker: nach dem Lustprinzip.

Die gute Nachricht: Sie müssen sich nicht schämen, denn das ist absolut menschlich und dazu sehr weit verbreitet. Es genügt, wenn Sie jetzt einfach losgehen oder, falls Ausrede 1 zutrifft, einen Tag im Kalender eintragen, an dem Sie definitiv starten werden. Die Lust wird kommen, aber den ersten Schritt tun besser Sie …

Ausrede 3: Ich wollte mich doch erst einmal unverbindlich informieren ...

Ein netter Versuch. Ich folgere daraus, dass Sie sich auch dann nur unverbindlich informieren, wenn Sie hungrig den Kühlschrank öffnen, bei Schmerzen nach einer Tablette greifen oder nach dem Candle-Light-Dinner Ihrem Mr. Right "zu mir oder zu dir" ins Ohr säuseln. Wachen Sie auf! Sie wissen genau, was Sie wollen. Zeit, es zu tun!

VORBEREITUNG

Die Smartphone-Frage

Erfahrungsgemäß sind die Menschen nicht automatisch entspannter, nur weil sie nicht erreichbar sind. Manche macht es derart nervös, kein Handy mit sich zu führen, dass der Entspannungseffekt mit Gerät deutlich besser ausgefallen wäre.

Allein im Wald ohne Handy umherzuschlendern, ist vielleicht auch nicht unbedingt ratsam; wenn auch nur deshalb, weil man dann verunglückten Joggern oder verletzten Rehen keine adäquate Hilfe zukommen lassen kann. Lassen Sie es darauf ankommen. Die Effekte des Waldbadens sinken nicht sofort auf null, wenn zwischendurch doch mal das Telefon klingelt, falls Sie denn überhaupt Empfang haben sollten. Wenn aber alle zwei Minuten E-Mails aus dem Büro eintrudeln, könnte es natürlich schwierig werden mit dem "Abschalten". Zum Thema Health-Apps:

Messbare Größen scheinen immer beliebter und wichtiger zu werden in unserem smart vernetzten Leben, weil sie unkompliziert informieren und Veränderungen und Erfolge sichtbar machen. Mein Vorschlag, falls Sie z. B. mit Selbstoptimierungsvorrichtungen wie Pulsmessern, Schrittzähler-Apps und dergleichen liebäugeln: Lassen Sie das Ding lieber in der Tasche. Ihr Blick sollte ausnahmsweise nur der analogen Welt gelten. Aber: Messen Sie ruhig Ihren Blutdruck, vor und nach dem Waldbaden! Führen Sie bei Bedarf ein Schmerz-, Schwindel-, Konzentrations-, Angst- und/ oder Stimmungstagebuch. Dokumentieren Sie Ihren Zustand vor und nach dem Bad und beobachten Sie, was sich wann und weshalb getan hat. Das kann eine zusätzliche Motivationsquelle sein und Ihnen das Nachvollziehen der Zusammenhänge erleichtern.

Notieren Sie z. B. Sorgen, die an Ihnen nagen, vielleicht auf einer Skala und mit Zahlenangabe, wie stark Sie sich von wiederkehrenden unangenehmen Gedanken bedrängt, bedrückt und in Ihrem Denken, Fühlen und Handeln eingeschränkt fühlen.

Proviant

Da Sie im Optimalfall für mehrere Stunden im Dickicht abtauchen, empfiehlt es sich, für ausreichend Essen und Trinken zu sorgen. Aber überladen Sie sich nicht. Mit zu schwerem Gepäck ist es schnell vorbei mit Motivation und Wanderlust.

Kleidung

Seien Sie gut vorbereitet. Je wärmer und wasserdichter Sie bei schlechtem Wetter angezogen sind, desto höher ist die Wahrscheinlichkeit, dass Sie es auch lang genug aushalten. Ist man gut geschützt, können einem Dank passender Kleidung nicht einmal Nässe und Kälte etwas anhaben und dann kann gerade ein Tag bei Regenwetter ein ganz besonders magisches Erlebnis werden.

Gutes Schuhwerk ist ein Muss! Falls Sie sich nicht fürs Barfußgehen entscheiden, aber das ist die ersten Male nicht so leicht, daher wägen Sie am besten sorgfältig ab.

Optionales Equipment

Sollten Sie weitsichtig sein, nehmen Sie unbedingt Ihre Lesebrille mit, da Sie sich unter anderem mit der genauen Betrachtung von Blättern und Tieren aus nächster Nähe aufhalten werden. Je nachdem, wie verspielt Sie an die Sache herangehen möchten oder auch wie ernst Sie es meinen, bieten sich natürlich noch die Mitnahme von Notizblock und Stift für kleine Zeichnungen oder das Aufschreiben Ihrer Gedanken an, außerdem optische Highlights wie ein Fernglas, um Vögel und andere Tiere zu beobachten, und eine Lupe, unter der sich Blattstrukturen oder Insekten genauer bestaunen lassen. Sollte in einem Regal oder dem Kinderzimmer des Nachwuchses womöglich ein verstaubter Naturführer zur Bestimmung von Tier- und Pflanzenarten zu finden sein – raus damit! Mitnehmen! Damit haben Sie zwischendurch etwas zu tun, falls Sie sich ganz und gar verloren fühlen, was ja durchaus mal vorkommen kann.

Was den Anreiz für manche um ein Vielfaches verstärkt, ist das Mitführen einer Kamera, wogegen an sich auch nichts spricht, solange man nicht permanent mit dem Einstellen irgendwelcher Werte beschäftigt ist. So können Sie Ihr atmosphärisches Badeerlebnis in Bildern dokumentieren und mit etwas Glück vielleicht auch das eine oder andere unerwartete Naturschauspiel festhalten.

Fürs Wildpinkeln eventuell Taschentücher und eine kleine Plastiktüte für die benutzten Papiere, damit der Waldboden nicht mit Ihren weiß leuchtenden Zellstoffknöllchen dekoriert bleibt.

ANKOMMEN UND EINTAUCHEN

Sie sind jetzt im Wald?

Ein herzliches Willkommen im Hier und Jetzt! Vielleicht waren Sie schon lange nicht mehr da. Vielleicht sonst nur in Begleitung oder mit einem bestimmten Ziel. Betrachten Sie die ersten Schritte in den Wald bewusst als ein Eintreten in eine andere Welt.

Es soll erreicht werden, dass Sie sich als Teil des Waldes begreifen und nicht als Fremdkörper, der ihn mal eben schnell durchquert – beim Joggen etwa, wo Sie zwar auch von der Luftqualität profitieren, aber eben nicht so intensiv mit allen Sinnen eintauchen. Die goldene Regel lautet: Nehmen Sie als zuallererst das Tempo raus und schalten Sie Ihre Wahrnehmung ein. Gehen Sie so übertrieben langsam, dass es Ihnen absurd erscheint, und gehen Sie weiter. Wenn Sie sich schon etwas weiter vom Waldrand entfernt haben, bleiben Sie auch ruhig stehen. Stellen Sie sich die folgenden Fragen und versuchen Sie, sie möglichst genau für sich zu beantworten. Los geht's!

Fällt es Ihnen schwer, innezuhalten und langsam zu gehen oder einfach stehen zu bleiben? Finden Sie es ein wenig lächerlich oder macht es Sie nervös, ängstlich, vielleicht sogar aggressiv, kein klares Ziel zu haben und im Moment weder gut, schnell, noch effizient sein zu dürfen und nicht das Richtige, das Wichtige, das Unaufschiebbare zu tun? Falls dem so ist, möchte ich Ihnen gratulieren. Das ist die erste Wahrnehmungsübung, die Sie bereits gemeistert haben, denn allein die Feststellung, dass das Langsame, Ziellose irgendwie unangenehm ist, fällt vielen schon schwer. Gehen wir der Sache also noch weiter auf den Grund:

Was genau ist das Unangenehme daran, und wie äußert es sich auf physischer Ebene? Spüren Sie eine Anspannung? Wenn ja, wo ist sie am stärksten? Im Gesicht, im Genick, in Schultern, Rücken, Gesäß oder Beinen, vielleicht auch am ganzen Körper? Gehen Sie Ihren Körper einmal systematisch durch, begonnen bei den Fußsohlen: Können Sie Ihre Fußsohlen deutlich spüren? Verteilt sich Ihr Körpergewicht vor allem auf die Fersen, den Ballen oder die Zehen? Schmerzen Ihre Füße, sind Sie überlastet oder nicht mehr daran gewöhnt, beansprucht zu werden?

Wie ist es mit Ihren Waden? Sind Sie prall gefüllt, die Muskeln verspannt? Bei allem, was Sie feststellen, gilt: Sie stellen es zunächst einmal nur fest. Es geht um die reine Bestandsaufnahme, um das Gewahr-Werden. Abhilfe schaffen können Sie hinterher, wenn Sie den

Gesamtzustand erfasst und Ihren Körper vollständig erspürt haben. Wie fühlen sich Ihre Oberschenkel und Knie an? Sind Ihre Gelenke in ihrer Beweglichkeit eingeschränkt oder ein wenig eingerostet? Haben Sie allgemein ein Gefühl von schweren Beinen, die sich kaum anheben lassen?

Wie ist es mit der Hüfte? Fühlen Sie sich flexibel und beweglich? Oder knarrt es auch hier?

Wandern Sie mit Ihrer Aufmerksamkeit weiter nach oben, in den unteren Rücken. Haben Sie Kreuzschmerzen? Sind sie auf einer Seite stärker? Und Ihr Bauch? Legen Sie eine Hand auf und spüren Sie – wie ist die Lage? Sind Sie angenehm gesättigt oder knurrt Ihnen der Magen? Wandern Sie weiter nach oben, was machen Wirbelsäule, Schulterblätter, Brustkorb, Schultern und Schlüsselbein? Wie ist Ihre Körperhaltung? Stehen Sie aufrecht oder eher gebeugt? Richten Sie sich für einen Moment bewusst auf. Fällt es schwer, die Körperspannung zu halten?

Oder können Sie vor lauter Anspannung gar nicht mehr fühlen, wo die Umgebung endet und der eigene Körper beginnt? Wie ergeht es Ihrem Nacken? Ist es anstrengend, den schweren Kopf zu halten? Würden Sie ihn am liebsten für einen Moment abnehmen und unterm Arm weitertragen, um Ihr steifes Genick ein wenig zu entlasten? Ist das Stehen an sich anstrengend für Sie? Versuchen Sie, die Ursache ausfindig zu machen.

Ist es die Balance, die schwer zu halten ist, sind es Gelenk- oder Kreuzschmerzen, die sich in Ruhe verstärken? Ist Ihre Atmung in irgendeiner Weise auffällig? Fühlt sich Ihr Körper ungewöhnlich schwer oder leicht an, sodass das Gehen oder das Verweilen an einem Ort kaum auszuhalten ist? Sind Sie damit beschäftigt, dem Gefühl von Schwere nicht nachzugeben und müde zu werden, beinahe einzuschlafen oder aber das Gefühl von Schwerelosigkeit zu hinterfragen und verstehen zu wollen, welches Sie eher schweben als gehen lässt und Sie davon abhält, sich zu erden und richtig anzukommen, weil Sie eigentlich die ganze Zeit über in Gedanken ganz woanders sind? Oder können Sie es entgegen Ihren Erwartungen von Anfang an genießen, so ganz ohne Hast, geschützt im Dickicht der alten Weisen zu sein?

So seltsam das für Sie klingen mag – versuchen Sie es mit einer Portion Hingabe. Betrachten Sie jeden Schritt, den Sie tun, als eine Liebeserklärung an den Wald, jeden Atemzug als Ihren Beitrag zur Kommunikation, zum Austausch mit dem Wald. Alles, was sich Ihnen ab hier bietet, in welcher Form auch immer, alles, was Sie sehen, hören, riechen, spüren und schmecken können, betrachten Sie als ein Geschenk an Sie, für das Sie sich mit der nötigen Wertschätzung und Umsicht bedanken.

Auf den folgenden Seiten soll es darum gehen, sich möglichst genau auf jeden einzelnen Ihrer Sinne zu konzentrieren, um neue Ebenen der Wahrnehmung zu erreichen und so nach und nach immer tiefer in die Waldatmosphäre einzutauchen. Die viel zitierte Entschleunigung geschieht dann automatisch, durch die in reizarmer Umgebung stattfindende, eingehende Beschäftigung mit einer bestimmten Sache und unter Verstärkung bestimmter Sinneseindrücke. Viel Freude bei der Erkundungstour!

DIE SINNE SCHÄRFEN – EINTAUCHEN IN DIE ATMOSPHÄRE DES WALDES

Sehen

Sehen Sie sich zunächst um und versuchen Sie, allmählich wegzukommen vom Modus des Überblicks, der den Alltag bestimmt. Im Straßenverkehr, beim Einkaufen, bei der Arbeit oder mit den Kindern: Wir sind es gewohnt, alles gleichzeitig im Blick zu haben, uns vorausschauend zu bewegen und parallel alles zu analysieren, um bei Bedarf blitzschnell agieren zu können.

In die Detailsicht zu kommen, Ihre Konzentration also für den Moment nur auf das zu richten, was Sie sehen, wird Sie also mit großer Wahrscheinlichkeit einige Anstrengung kosten. Sie sehen sich nun an, was sich unmittelbar vor Ihnen befindet, und nehmen zwar weiterhin Geräusche, Gerüche und Temperatur um Sie herum wahr, aber versuchen, diese Eindrücke ein wenig im Hintergrund zu halten, den Augen den Vortritt zu lassen, genauer hinzusehen, als Sie es sonst beim normalen Spaziergang mit Hund, Kindern, Partner oder Freund/in oder beim Sport tun. Sie sind nicht hier, um sich oder jemanden zu unterhalten oder um irgendetwas zu bewirken. Sie müssen nur wahrnehmen, sonst nichts. Und was als geschriebenes Wort banal klingen mag, gestaltet sich in der Praxis oft unerwartet herausfordernd.

Machen Sie sich als Nächstes bewusst, welche Farbe im Moment dominiert. Ist es Frühling oder Sommer und alles um Sie herum in saftigem Grün? Halten Sie Ausschau nach Moos, Sträuchern, Blättern und nehmen Sie die kleinen Farbunterschiede wahr. Was verbinden Sie mit der Farbe Grün? Vielen ist sie bekannt als die Farbe der Hoffnung. Sie steht für Frische und Gesundheit, vielleicht für einen Neuanfang? Oder ist es Herbst und es sind eher erdige Farben? Woraus setzt sich das Gesamtbild zusammen? Hat der Herbst erst begonnen und die Farben der Blätter reichen von Grün über Gelb und Rot bis Braun? Oder sind es die letzten Blätter vor dem Winter, die noch an den Ästen hängen, und der Großteil bedeckt schon den Boden? Auch hier lohnt es sich, auf die vielen Farbunterschiede zu achten, die sich Ihnen präsentieren.

Vielleicht ist es bereits Winter und die Farben, die Sie sehen, beschränken sich auf braune Stämme, Äste, Wurzeln, Reste von altem Laub ... vielleicht liegt ja Schnee? Falls dem so ist: Richten Sie Ihren Fokus auf den Kontrast aus weißem Schnee und dunklen Ästen. Schütteln Sie einen Ast und lassen Sie den Schnee sanft hinabrieseln. Besehen Sie sich eine Handvoll Schnee genauer: Können Sie einzelne Kristalle ausmachen? Lassen Sie etwas davon in Ihrer Hand schmelzen und sehen Sie zu, wie er sich in Wasser verwandelt. Können Sie auch Lichtreflexionen auf den Wassertropfen sehen?

Was können Sie, abgesehen von den Farben, sonst noch wahrnehmen? Achten Sie auf Sie umgebende Größenverhältnisse zwischen verschiedenen Bäumen, zwischen Stamm und Krone, zwischen einzelnen Ästen und Blättern, auf Anordnungen, Formen, Strukturen. Versuchen Sie, angefangen bei eher oberflächlichem Erfassen der Dinge, in immer kleineren Einheiten zu denken. Gehen Sie näher ran als gewöhnlich und besehen Sie sich die Dinge unter der Lupe, falls zur Hand. Sie werden vielleicht feststellen, dass Sie das sehr lange nicht mehr gemacht haben. Was sehen Sie? Es kann die Baumrinde sein, die sich vom Stamm löst, und die Welt, die darunter zum Vorschein kommt, samt Spuren von Holzwürmern, die sich über das nackte, helle Holz ziehen. Es können feine Linien auf den Blattoberflächen sein, die sich zu interessanten Mustern zusammensetzen, winzige haarige Fasern an der Blattunterseite. Welches Blatt ist matt, welches glänzt?

Was ist mit den Wurzeln? Sehen Sie viele davon, die sich mächtig über mehrere Quadratmeter erstrecken, oder befindet sich der Großteil versteckt unterhalb der Erde? Verfolgen Sie die vielen Verzweigungen der immer dünner werdenden Wurzeln, die sich in den Boden graben.

Welches "Strandgut" bedeckt den Weg? Versuchen Sie, das, was den Weg vor Ihnen bedeckt, genau unter die Lupe zu nehmen und festzustellen, woraus es sich zusammensetzt. Was macht eigentlich den größten Anteil aus von dem, was da so liegt? Suchen Sie sich dann einen Ort, an dem Sie für einige Minuten verweilen können, am besten eine Sitzgelegenheit. Das kann eine Bank sein, ein Baumstumpf, Baumstämme am Wegesrand oder was sich sonst noch so anbietet. Setzen Sie sich und besehen Sie sich einmal genauer den Boden. Es wird eine ganze Weile dauern, bis Ihre Augen sich daran gewöhnt haben, aber schon bald werden Sie staunen über das geschäftige Treiben, das Sie umgibt.

Sobald es Ihnen gelungen ist, einmal eine Ebene tiefer vorzudringen und winzige Pflanzenteile und Tierchen aus dem Gesamtbild auszumachen, wird es auf Ihrem Weg immer wieder die eine oder andere überraschende Entdeckung geben: Bunt schillernde Panzer exotischer Käfer, Nacktschnecken, die Ihnen, obwohl bestens getarnt in Ihrer Umgebung, plötzlich ins Auge stechen, kleine Spinnen und Ameisen, die bei ihrer Größe eigentlich kaum auszumachen sein dürften unter dem Blättermeer, den Tannennadeln und Holzscheiten, zwischen denen sie sich hin- und herbewegen.

Falls die Sonne scheint, wenden Sie sich den wunderschönen Licht- und Schattenspielen zu.

Hören

Nun, da Sie Ihre Umgebung optisch eingehend untersucht haben, wollen wir uns dem nächsten Sinnesorgan zuwenden.

Schließen Sie, im Weitergehen oder, wenn Sie sich an dem ausgesuchten Ort wohlfühlen, immer noch sitzend, immer wieder die Augen, um innezuhalten und Ihre Ohren aktiver werden zu lassen. Hören Sie auf die Geräusche aus der Umgebung und versuchen Sie, möglichst differenziert zu filtern: Was genau raschelt, wenn es raschelt? Ist es nur das Laub am Baum oder mischt sich in das Rauschen vielleicht auch das geschäftige Treiben von Millionen Kleinstlebewesen?

Hören Sie viele Vögel singen oder sind sie eher zurückhaltend, oder, je nach Jahreszeit, nur in geringer Zahl vorhanden? Können Sie ungefähr ausmachen, wie viele es sind? Ist es eher ein musikalisch ambitioniertes Nachtigall-Solo, eine Arie vielleicht oder ein mit Nachdruck vorgetragener Monolog? Ist es eine Unterhaltung zwischen zweien oder gar eine Konferenz? Wie viel Zeit verstreicht zwischen einem Ruf und der "Antwort"? Sind verschiedene Vogelarten zugange, sodass sich ein bunter Mix aus Melodien ergibt? Vielleicht ist auch der eine oder andere unüberhörbare Specht am Werk? Hören Sie als Nächstes auf Ihre eigenen Schritte. Gehen Sie auf steinigem, festem Untergrund und es knirscht unter Ihren Schuhen? Gehen Sie gleichmäßig? Versuchen Sie, Ihre Schritte zu verlangsamen und achten Sie genau auf das Knirschen beim Aufsetzen der Ferse, beim Abrollen und beim Lösen der Zehen vom Boden. Oder haben Sie sich instinktiv schon fürs Barfußlaufen entschieden und sind kaum hörbar? Versuchen Sie, trotzdem darauf zu achten, ob Sie komplett geräuschlos sind.

Verlassen Sie ruhig immer wieder die Hauptwege und staunen Sie, dass Sie sogar das Gehen auf Moos hören können. Streifen Sie Sträucher und Pflanzen, schlurfen Sie durch Laub auf dem Boden, vielleicht fließt auch ein kleiner Bach und es lohnt sich, sofern wasserdicht beschuht, einen Plätscher-Sound mit einzubauen, vielleicht kommt der Drang auf, ein paar kleine Kieselsteinchen ins Wasser plumpsen zu lassen. Wer sich konzentriert, hört (ein intaktes Gehör vorausgesetzt) bei Schneefall sogar die Flocken aufkommen. Sobald Sie meinen, alles erfasst zu haben, öffnen Sie langsam wieder die Augen und lassen Sie die Situation auf sich wirken.

Je nachdem, wie viel Zeit Sie bis hierhin verstreichen lassen haben und wie viel davon Sie für Ihren ersten Ausflug eingeplant haben, können Sie an dieser Stelle bereits mit gutem Gewissen umkehren und Ihr erstes erfolgreiches Waldbad beenden, um beim nächsten Mal wieder mit denselben Übungen zu beginnen und im Anschluss mit den folgenden weiterzumachen.

Schmecken

Wann haben Sie zuletzt etwas in den Mund genommen, ohne dass es sexuell motiviert war oder der Nahrungsaufnahme gedient hat? Na? Wie schmeckt eigentlich Harz? Wie fühlt sich eine Tannennadel im Mund an – und schmeckt das alles so würzig, wie es riecht?

Erinnern Sie sich daran, was Sie als Kind oder später Ihre eigenen Kinder alles in den Mund genommen haben, was eigentlich nicht unbedingt dort hinsollte – und ob es wirklich so gesundheitsbedrohlich, giftig oder tödlich war, wie man annehmen könnte, bei der fehlenden gustatorischen Neugier, die uns Erwachsenen zu eigen ist. Keine Sorge: Sie müssen jetzt weder Ihr belegtes Brot mit einem spontan improvisierten Wildkräutersalat ersetzen, noch sollen Sie stundenlang auf einem Stück Baumrinde herumkauen. Aber probieren Sie ruhig vorsichtig das eine oder andere Waldprodukt, das Sie optisch anspricht (und von dem Sie bestenfalls natürlich wissen, dass es gesundheitlich unbedenklich ist). Und Sie dürfen selbstverständlich auch hier dafür sorgen, dass Sie unbeobachtet sind, wenn es Ihnen unangenehm ist, von entgegenkommenden Spaziergängern mit einem Gänseblümchen zwischen den Zähnen ertappt zu werden.

Wie schmeckt der Wald? Finden Sie es heraus! Viel Freude dabei!

Riechen

Ihrem sogenannten Riechkolben kommt eine ganz besondere Bedeutung zu. Tatsächlich ist es das wichtigste Organ bei Ihrem Waldbadeerlebnis. Über die Atemluft nehmen Sie all die für Ihren Körper so wichtigen Stoffe auf und geben das, was Sie nicht mehr benötigen, an die Umwelt ab.

Die wiederum bereitet sie auf. Alles nicht neu? Schon klar. Aber wann haben Sie sich die Fotosynthese und den Gasaustausch das letzte Mal bildlich vorgestellt, mit durch die Luft wabernden, bunten, plastischen Molekülen? Versuchen Sie es.

Riechen Sie alles, was Sie sehen? Hat es zuvor geregnet und es ist der typische feucht-modrige Waldgeruch nach nassem Holz, Laub und Pilzen? Oder scheint die Sonne und vieles an der Oberfläche ist bereits trocken? Stellen Sie sich vor, dass das, was Sie riechen, die Summe aus all dem ist, was Sie sehen, hören und fühlen können:

Laub, Erde, Baumrinde, Harz, Tannenzweige, Tannenzapfen, Moos, Gras, Steine, Wasser, Pilze, Beeren, Waldbewohner und vieles mehr. Riechen Sie an allem, was für Sie greifbar ist. Stellen Sie sich einfach bildlich vor, wie die wertvollen ätherischen Öle ihren Weg durch Ihre Nase in Ihren Organismus finden, wo Sie vollkommen kosten- und geräuschlos so viel Gutes anrichten.

Genießen Sie die Frische und die Reinheit der Luft, die Sie in dieser Form sonst kaum irgendwo vorfinden (es sei denn natürlich, Sie haben versehentlich in eines der Versuchshotelzimmer von Dr. Qing Li eingecheckt) und machen Sie sich immer wieder bewusst, welches Geschenk es ist, dass etwas so Kostbares jedem jederzeit zur freien Verfügung steht. Versuchen Sie, die Gerüche, die Sie wahrnehmen, möglichst genau mit Worten zu beschreiben.

Fühlen

Der Tastsinn wird oft als das Stiefkind der Sinnesforschung bezeichnet: Obwohl Experten ihn als wichtigstes aller Sinnesorgane einstufen, als grundlegenden Beziehungssinn zur Welt und zu uns selbst, wurde bisher verhältnismäßig wenig dazu geforscht. Man unterscheidet bei ihm zwischen der Haptik, die das aktive Handeln, z. B. Greifen und Gestalten einschließt, und dem Taktilen, das aus dem passiven Empfangen von Außenreizen besteht, wie es bei Berührungen und Massagen geschieht. Durch den Tastsinn ist es uns möglich, uns selbst und unsere Lage im Raum wahrzunehmen. Bereits im embryonalen Stadium haben wir uns selbst berührt und den Daumen zum Mund geführt.

Ganz erstaunliche Belege für die Lebensnotwendigkeit von Berührungen ließen sich am Uniklinikum Leipzig feststellen, wo man bei Frühgeborenen, die zu natürlichen Atemaussetzern neigen, durch gezielte Berührungen von Pflegekräften wiederholt ein unmittelbares Wiedereinsetzen der Atmung anregen konnte. Gerade in Zuständen von seelischer Not und Entfremdung kann für uns Menschen das Ertasten und Erspüren verschiedener Formen, Strukturen, Konsistenzen und Temperaturen und das Fokussieren auf die bewusste Reizwahrnehmung über die Haut eine ungemein heilsame und stimulierende Anregung sein. Als Einstiegsübung bietet es sich an, sich für einen Moment auf die Wetterlage zu konzentrieren. Scheint die Sonne auf Ihre Haut? Steht sie oben im Zenit oder noch/schon etwas tiefer? Oder ist es bewölkt, neblig, regnet oder schneit es? Geht ein Wind?

Je nachdem, in wie viele Schichten aus Kleidung Sie sich einpacken mussten – wo am Körper können Sie das Wetter, außer im Gesicht und an den Händen, noch überall spüren? Ist die Temperatur momentan angenehm für Sie oder merken Sie, dass Sie ein wenig frösteln? Wenn Sie sich in die witterungsmäßigen Gegebenheiten eingegrooved haben, können Sie sich der Haptik annehmen: Was gibt es nun also alles zu ertasten, fernab von Tastatur und Touchscreen?

Entscheiden Sie, ob Ihnen die Hände als Werkzeuge auf haptischer Spurensuche genügen oder ob Sie die nackten Fußsohlen auch noch dazunehmen möchten. Greifen Sie am besten erst einmal frei drauf los! Greifen Sie nach allem, woran Sie vorbeikommen. Anschließend können Sie sich ein paar bestimmte Objekte vornehmen.

Um mit der rauen Oberfläche der Baumstämme zu beginnen: Führen Sie mit geschlossenen Augen Ihre Hand über die Rinde ... lassen Sie Ihre Finger langsam über die vielen Rillen und Einkerbungen gleiten und versuchen Sie, die Muster auf der Borke zu erspüren. Wie empfindlich sind Ihre Handflächen? Kitzelt es? Spielen Sie ein wenig mit dem Druck. Beginnen Sie mit zartem, leichtem Streicheln und steigern Sie ihn langsam.

Wie ist es mit Moos, mit Blättern, für Mutige: mit Brennnesseln? Streichen Sie langsam über Moos. Fühlen Sie, wie weich gebettet Ihre Hand darauf liegen kann. Heben Sie ein paar Steinchen auf und lassen Sie sie abwechselnd aus der einen in die andere Hand und schließlich zurück auf den Boden rieseln. Das gleiche Spiel bietet sich auch mit Wasser an, falls Sie auch an einem Bach oder einer Quelle vorbeikommen. Greifen Sie nach allem, was Sie anspricht – bitte möglichst, ohne es zu zerstören – umschließen Sie es sanft mit der Faust und lassen Sie es wieder frei.

ABTAUCHEN UND AUFBLÜHEN

Falls Sie mit Begleitung unterwegs sind: Machen Sie sich ruhig gegenseitig auf alles aufmerksam, was Ihnen um Sie herum auffällt, sei es ein schöner Anblick, ein bestimmter Geruch oder ein Geräusch.

Erlauben Sie sich aber auch, eine ganze Weile lang einfach nur schweigend nebeneinanderher zu gehen. Versuchen Sie möglichst, sich nicht durch "gewöhnliche" Gesprächsinhalte zu stark von der Waldatmosphäre abzulenken, sondern eher umgebungsbezogen zu denken. Falls es nicht gelingt, ist es aber nicht schlimm. Es soll schließlich auf natürliche Weise gelingen, ohne Sprech- und Denkverbote oder Regeln, die befolgt werden müssen. Auf den Waldbademeister haben wir bewusst verzichtet.

Jetzt, wo Sie schon mal erfolgreich eingetaucht sind, gilt es, das Alltägliche endgültig hinter sich zu lassen und regelrecht abzutauchen. Aber auch hier wieder: Leichter gesagt als getan! Wieder Kind zu sein, will schließlich gelernt sein. Was uns in der Kindheit automatisch gelang, fällt später oft unglaublich schwer: Sich mit Begeisterung dem zuwenden, was eben gerade da ist. Aufgeschlossen, voller Neugierde und ohne gleich zu werten, mit allen Sinnen wahrzunehmen, zu beobachten und auszuprobieren. Sie können sich für den Anfang verschiedene Gegenstände suchen, die Sie spontan ansprechend finden, Sie aufsammeln und an einem Ort Ihrer Wahl wieder ablegen.

Dabei könnten Sie ein kunstvolles Arrangement daraus machen. Legen Sie Formen und Figuren aus Steinen, Blättern, Ästen und was Ihnen sonst noch so einfällt. Lassen Sie Ihrer Kreativität freien Lauf! Wühlen Sie im Laub, balancieren Sie über Baumstämme, hängen Sie sich an einen niedrigen Ast ... je größer die Überwindung für Sie ist, umso höher fällt später der körpereigene Belohnungseffekt aus, wenn Sie es doch gewagt haben. Nur Mut! Und scheuen Sie sich nicht, auch mal einen Baum zu umarmen. Wenn Sie es tun – was fühlen Sie dabei?

Übrigens kann es sich auch lohnen, zwischendurch öfter mal die Perspektive zu wechseln. So könnten Sie unter einem Baum stehend in die Baumkrone schauen, zusehen, wie sich die Äste im Wind hin und her neigen, die Blätter Ihnen zuwinken, Sie könnten sich vielleicht sogar für eine Weile auf den Boden legen und von dort unten zusehen. Sehen Sie den Himmel? Gibt es Wolken? Scheint die Sonne? Oder kommt Ihnen ein Niederschlag entgegen, ist es Regen oder Schnee? Sie könnten sich nah an einen Baum stellen, um sich dann, rückwärtsgehend, ein paar Schritte zu entfernen, weiterzugehen und vom neuen Ort zurückzublicken. Sie können im Gehen über die Schulter blicken oder durch die Beine schauen, um auch einmal alles über Kopf zu sehen.

Wie wäre es, sich ein Auge zuzuhalten, dann das andere? Oder aber die Hände zum Fernglas zu formen und sich auf diese Art umzuschauen? Die goldene Regel hierbei lautet eindeutig: Je lächerlicher das, was Sie tun, von außen betrachtet wirken mag, und je langsamer Sie es tun, desto größer Ihr persönlicher Erfolg! Umso höher ist die Wahrscheinlichkeit, dass Sie für einen Moment "die Welt da draußen" vergessen können

– und das ist unser Ziel. Haben Sie eigentlich schon Ihren Lieblingsbaum bestimmt und kennen Sie seinen Namen? Ist es ein Laub- oder Nadelbaum? Was zeichnet die Besonderheit dieses und anderer Bäume aus? Wie ist seine Statur? Ist es ein dicker Stamm mit überall ringsherum aus der Erde ragenden Wurzeln? Oder ist der Stamm so dünn, dass man sich über die Stabilität nur wundern und sie bestaunen kann? Was fällt auf zur Struktur der Rinde? Tritt irgendwo Harz aus? Ist er besonders hoch? Was ist mit der Form seiner Blätter und wirft er irgendwelche "Früchte" ab? Tannenzapfen, Bucheckern usw.

Warum bestimmen Sie nicht einen oder mehrere Waldpaten? Und wenn Sie schon dabei sind, werden Sie doch gleich so richtig albern und geben Sie ihm einen Namen! Ein bestimmter Baum kann es sein oder auch nur ein bemooster Baumstumpf, ein Ameisenhaufen als Highlight vielleicht, eine Lichtung, irgendeine Pflanze, ein besonders schöner Abschnitt eines Gewässers, eine Quelle, ... und freuen Sie sich aufs Wiedersehen beim nächsten Besuch.

Das stärkt die Beziehung zum Wald und erhöht möglicherweise, wenn auch nur minimal, den Druck, wiederzukommen. Beobachten Sie, wie sich Ihr/e Waldpate/n im Wandel der Jahreszeiten verändern

und entwickeln. Bei allen Anregungen, Tipps und An-
leitungen, die Sie nun bekommen haben, sollten Sie natürlich auf keinen Fall darauf verzichten, sich auch
selbst Dinge auszudenken, die Sie bei Ihrem Waldbad
bereichern können. Wofür auch immer Sie sich am
meisten begeistern können – tun Sie es. Seien Sie spontan, wild und frei.

Und wo wir gerade von Freiheit sprechen: Wann
haben Sie sich das letzte Mal in der Wildnis erleichtert?
Je nachdem, wie ernst Sie es mit der empfohlenen
Dauer des Waldbads nehmen, werden Sie eventuell
auch gar nicht darum herumkommen, daher: Feel free
to pee! Bedenken Sie aber, dass Umwelt und Ästhetik
unter wild verstreuten Taschentüchern leiden. Daher
sammeln Sie die benutzten Tücher wieder ein, in eine
Plastiktüte vielleicht, die Sie später dann an geeigneter
Stelle entsorgen können.

Entweder zum Abschluss oder als entspannende
und stärkende Einheit zwischendurch können Sie die
nun folgenden Atemübungen in Ihr Waldbad integrieren.

ATEMÜBUNGEN

Die drei folgenden Atemübungen dienen der allgemeinen Entspannung und können zur besseren Stressbewältigung und gegen Ängste durchgeführt werden. Es empfiehlt sich, jede der Übungen etwa fünfmal zu wiederholen.

ATEMÜBUNG 1

Atmen Sie tief und langsam durch die Nase ein, halten Sie die Luft für einen kurzen Moment an, während Sie bewusst Ihren Bauch spüren, und lassen Sie sich für das Ausatmen genauso viel Zeit, wobei Sie am besten gegen einen Widerstand atmen, indem Sie die Lippen weitgehend geschlossen lassen und so als Atembremse einsetzen und gleichmäßig langsam die Luft ausströmen lassen.

Konzentrieren Sie sich dabei auf Ihre Körpermitte und stellen Sie sich vor, wie Ihr Atem genau an den Ort strömt, an dem Sie ihn haben möchten: Viel zu häufig atmen wir sehr oberflächlich nur in die Brust, was Ängste und Verspannungen meist noch zusätzlich verstärkt. Versuchen Sie, sich davon zu lösen, indem Sie den Atem gezielt in den Bauch "schicken" und von dort wieder herauslassen.

Wenn Ihre Atemzüge tief genug waren, dürfte sich bereits jetzt der erste entspannende Effekt bemerkbar machen. Das Ganze lässt sich nun noch weiterführen, indem Sie Ihren aufgewühlten Geist nach und nach bändigen und wieder ganz in Ihrem Körper ankommen. Bleiben Sie hierfür am besten stehen oder nehmen Sie, wenn möglich, irgendwo Platz. Erfahrungsgemäß funktioniert die folgende Übung besser in Ruhe als beim Gehen.

ATEMÜBUNG 2

Auch dieses Mal geht es um das bewusste, tiefe Atmen. In einem weiteren Schritt werden Sie parallel dazu nach und nach einzelne Körperpartien spüren und dadurch Ihr Körpergefühl insgesamt deutlich verbessern. Stellen Sie sich hin, die Beine ca. hüftbreit auseinander, und atmen Sie wieder wie oben beschrieben tief und lange ein. Diesmal sollten Sie sich bei jedem Atemzug auf einen anderen Teil Ihres Körpers konzentrieren und versuchen, diesen ganz bewusst zu spüren. Wenn Sie sich dabei nicht unwohl fühlen, schließen Sie gern die Augen. Beginnen Sie mit dem Scheitel, der Kopfhaut – ein – anhalten – aus, und wandern Sie dann mit jedem weiteren Atemzug weiter nach unten zur Stirn: ein – anhalten – aus, den Augen, ein – anhalten – aus, usw. zur Nase, den Ohren, den Wangen, Lippen, Kinn, Hals, Genick bis zu den Schultern. Jetzt können Sie bis zum nächsten Part ein paar Schritte gehen, oder, falls Ihnen der Ort gut gefällt, ein wenig Ihre Arme strecken, Ihre Beine lockern durch Auf- und Abgehen, die Schultern anheben und fallen lassen und sich einen Augenblick lang sortieren.

ATEMÜBUNG 3

Spüren Sie Ihre Fußsohlen? Sollte die Witterung es zulassen, versuchen Sie es gern barfuß, denn das verstärkt den Effekt. Bewegen Sie Ihre Zehen ein wenig hin und her, um die Durchblutung anzuregen und die Füße noch besser zu spüren. Stellen Sie sich nun vor, Ihre Füße würden fest vom Boden angezogen, weit über die Wirkung der Schwerkraft hinaus und so fest, dass Sie sie nicht vom Boden anheben könnten, selbst wenn Sie es wollten.

Und mehr noch: Stellen Sie sich vor, von Ihren Fußsohlen würden feine Adern und Verästelungen ausgehen und bis unter die Erde reichen, ähnlich wie die Wurzeln der Bäume, und Ihnen zusätzlich Stabilität geben, sodass Sie selbst durch Druck oder einen Sturm nicht ohne Weiteres umzustoßen wären. Stellen Sie sich nun bei jedem Einatmen vor, wie kühles Wasser aus dem Erdinneren von unten nach oben durch Ihren Körper fließt. "Dosieren" Sie das Wasser und seine Fließgeschwindigkeit so, dass es sich in Ihren Fingerspitzen und an Ihrem Haaransatz sammelt, sobald Sie die Luft anhalten, und beim Ausatmen auf demselben Weg Ihren Körper wieder verlässt.

Atemübung 4

Die nun folgenden Übungen dienen einer besseren Lungenbelüftung und werden im Rahmen von Atemtherapien durchgeführt, zum Beispiel vor und während einer Lungenerkrankung. Auch hier empfiehlt es sich, sie jeweils fünfmal zu wiederholen.

a) V-W-Übung zur Brustkorberweiterung:

Heben Sie beim Einatmen durch die Nase beide Arme wie ein V seitlich gestreckt nach oben und folgen Sie ihnen mit Ihrem Blick. Beim entspannten Ausatmen durch den Mund senken Sie die Arme und beugen Sie seitlich vom Körper, sodass Sie mit Körper und Armen ein W bilden.

b) Oberkörperrotation:

Schieben Sie mit der Einatmung Ihren Arm diagonal vom Körper weg, sodass der Oberkörper sich zur leicht zur Seite dreht. Stellen Sie sich dabei vor, wie Sie etwas von sich wegschieben. Beim entspannten Ausatmen durch den Mund ziehen Sie den Arm mit geballter Faust zurück neben den Körper. Stellen Sie sich dabei vor, dass Sie ein Seil zu sich heranziehen.

c) Strecken Sie einen Arm aus und legen Sie ihn seitlich über den Kopf, sodass sich Ihr Oberkörper leicht zur Seite neigt und sich Ihre Flanke spürbar dehnt. Halten Sie die Position für etwa eine Minute, während Sie ruhig in die Flanke hineinatmen.

Lösen Sie sich anschließend wieder aus der Position. Achten Sie darauf, dass Sie nur sehr langsam zurück in die Ausgangsposition gehen und nicht mit einer ruckartigen Bewegung. Halten Sie noch für einen Moment Ihre Augen geschlossen und lassen Sie die Atemübungen nachwirken.

AUFTAUCHEN UND ABSCHIED NEHMEN

Wenn Sie Ihr Waldbad beenden, achten Sie auch wieder darauf, den Wald so ruhig und bedächtig hinter sich zu lassen, wie Sie ihn betreten haben, bevor Sie sich wieder der Zivilisation und Schnelligkeit zuwenden.

Am besten setzen Sie sich kurz vorm Ausgang noch einmal für ein paar Minuten und gehen alles durch, was Sie heute für sich erfahren haben. Wie hat sich das Waldbad auf Körper und Geist ausgewirkt? Konnten Sie für sich einen Unterschied feststellen zu "gewöhnlichen" Waldspaziergängen? Oder sind Sie ein wenig enttäuscht, weil Sie sich einen deutlicheren Effekt versprochen hatten? Welche der Übungen haben Ihnen weitergeholfen und welche eher nicht? Welcher Ihrer Sinne wurde am meisten angeregt und wodurch?

Gab es überraschende Begegnungen mit Tieren, über die Sie sich gefreut haben? Besonders intensive Düfte oder unbekannte Gerüche? Mussten Sie sich die meiste Zeit zu jedem Ihrer Schritte überwinden oder ist es Ihnen insgesamt leichtgefallen, einzutauchen? Haben Sie sich mit Ihrer Offenheit selbst überrascht? Konnten Sie sich auf alles einlassen oder ist es Ihnen nur in Teilen gelungen, Ihre Aufmerksamkeit ausschließlich ins Hier und Jetzt zu transportieren? Der Erfolg des Waldbads könnte unter anderem von Ihrer persönlichen "biophilen" Neigung abhängen. Erich Fromm, Psychoanalytiker, Philosoph und Sozialpsychologe, hat den Begriff der Biophilie geprägt, der die Liebe zum Leben und zu allem Lebendigen meint.

Der Anblick und Aufenthalt in Natur und Wald fällt sicher auch ganz unterschiedlich aus für Menschen, die Ihre Kindheit auf dem Land, und solche, die sie in der Stadt verbracht haben. Welche Bedeutung hatte der Wald schon immer für Sie? Waren Wald und Natur allgegenwärtig, waren Sie ständig von Wiesen und Bäumen umgeben und die Nähe des Waldes Ihr Alltag?

Dann werden Sie ihn vielleicht mit unbeschwerten Kindertagen verbinden. Wenn es nur an ausgewählten Tagen vereinzelte Ausflüge in Waldgebiete gab, erinnern Sie sich vielleicht an diese ausgewählten Ereignisse. Welche körperlichen Veränderungen fallen Ihnen jetzt an sich selbst auf? Merken Sie, ob Atmung, Herzschlag und Puls ruhiger oder stärker sind als davor? Oder gibt es noch keine nennenswerten "Erfolge" zu verzeichnen? Wenn Sie nun also Ihre Reflexion beenden, um aufzutauchen und den Wald zu verlassen, tun Sie es langsam und versuchen Sie, möglichst viel von seiner heilenden Energie mit nach draußen zu nehmen, um nicht direkt wieder der hektischen Alltagsstimmung, die Ihnen nach längerer Zeit im Wald umso stärker auffallen dürfte, zu erliegen.

Betrachten Sie es nach Möglichkeit nicht als einmalige Sache. Je nachdem, wie schwer es für Sie war, diesen ersten Schritt zu tun, können Sie natürlich stolz sein, überhaupt in Bewegung gekommen zu sein. Und trotzdem sollten Sie bedenken, dass das regelmäßige, ausgedehnte Baden in Waldluft die besten Wirkungen erzielt.

Nachwort

Wie bereits im Vorwort angedeutet, wird auch das pfiffigste Buch der Welt Sie nicht anleiten können, wie Sie Ihre größte Not in eine Fichte oder Ihren Chef in ein Stück Baumharz verwandeln. Keiner von beiden wird so ohne Weiteres kapitulieren.

Die schleichende Genesung nach langer oder heftiger Krankheit wird nicht plötzlich im Eiltempo verlaufen, nur weil Sie stundenlang in der Waldatmosphäre verweilen und die richtige Atemtechnik erlernt haben, und auch eine bedrohte Existenz wird sich nicht in Luft auflösen.

Auch von nicht belegten, allgemeinen Heilsversprechen wie

- Waldbaden kann Krebs heilen
- Waldbaden kann Psychosen heilen
- Waldbaden macht die Schulmedizin überflüssig

möchte sich dieses Buch klar distanzieren. Aber, wenn Sie es möchten, werden Sie lernen, sich an dem zu stärken, was in Fülle vorhanden, verlässlich und immer erreichbar ist: Dem Wald als Ort der Regeneration und dazu Ihrer neu gewonnenen oder wiederentdeckten Fähigkeit, sich als Teil seines Systems zu begreifen. Hier können Sie einen Teil Ihrer quälenden Gedanken, Ängste, Sorgen und Schmerzen ausatmen. Und denken Sie immer wieder daran:

Auch, wenn er seinen eigenen Wert nicht so unermüdlich laut, schrill und sexy anpreist wie die Werbung das neueste Lifestyle-Produkt, sondern es vorzieht, stoisch dem zu harren, was da kommen mag, und weiterhin in Ruhe "sein Ding zu machen": Er ist immer für Sie da.

Kleines Waldwissen kompakt

W ie groß schätzen Sie den Anteil der mit Wald bedeckten Landfläche in Deutsch- land? Ist es ein Viertel? Die Hälfte? Ein Fünftel vielleicht?

Die Antwort lautet: ein Drittel! Mit 11,4 Millionen Hektar Waldgebiet ist ein Drittel der Landesfläche Deutschlands mit dichten Baummeeren bedeckt. Eine schöne Vorstellung, finden Sie nicht auch? Kennen Sie eigentlich die häufigsten Baumarten hierzulande? Dazu zählen unter anderem Fichte, Kiefer, Buche und Eiche. Seltener werden Sie dagegen Feldahorn und

Ulme begegnen. Die drei heimischen Ulmenarten, zu denen die Flatter-Ulme, die Berg-Ulme und die Feld-Ulme gehören, sind in ihrem Bestand bundesweit gefährdet und nur noch äußerst selten anzutreffen. Was schätzen Sie – Welches europäische Land schneidet aktuell mit der größten absoluten Waldfläche am grünsten ab? Schweden, Finnland, Spanien oder Portugal?

Die richtige Lösung lautet: Schweden! Im EU-weiten Vergleich hatte Schweden im Jahr 2020 mit knapp 28 Millionen Hektar die größte absolute Waldfläche, was mehr als der Hälfte der Landfläche entspricht. Dicht gefolgt von Finnland. Auf Platz drei liegt Spanien. Wenn Sie einen Specht hören, ist es meistens der Buntspecht. Er ist der häufigste Vertreter der Specht-Familie.

Erstaunliches zu Ameisen: Während die Ameisenköniginnen je nach Art 20 bis 30 Jahre alt werden, scheinen es Männchen in den Ameisenstaaten nicht weit zu bringen: Meist können Sie sich nur ein bis zweimal fortpflanzen und sterben dann. Sofern sie nicht direkt nach der Paarung gefressen werden. Ungebetene Gäste: Borkenkäfer. Sie bohren sich tief ins Innere des Baumes und zerstören dabei wichtige Leitungen, dass bei starkem Befall sogar der

Wassertransport in die Kronen so stark gestört ist, dass der Baum abstirbt. Trockenheit und Hitze sowie Wind- oder Schneebruch begünstigen die Massenvermehrung der Schädlinge.

Herstellung und Verlag:
BoD – Books on Demand, Norderstedt
ISBN: 9783754328941

1. Auflage
Kontakt: Psiana eCom UG/ Berumer Str. 44/ 26844 Jemgum
Covergestaltung: Fenna Larsson
Coverfoto: depositphotos.com